우정과 연대의 가치를 배우는 다양한 공동체 이야기

우리는 왜 친구가 필요할까?

글 니키 테이트 | 옮김 현혜진

초록개구리

더불어 사는 지구는 우리가 세계 여러 나라 사람들과 함께 이 지구에서 더불어 잘 살기 위해 생각해 보아야 할 환경과 생태, 그리고 평화 등의 주제를 다루는 시리즈입니다.

Better Together: Creating Community in an Uncertain World
Text copyright © 2018 Nikki Tate
First published in Canada and the USA in 2018 by Orca Book Publishers Ltd.
All rights reserved.
Korean translation copyright © 2019 Green Frog Publishing Co.
Korean translation rights arranged with Orca Book Publishers Ltd. c/o
the TransatlanticLiterary Agency Inc. through Orange Agency.

이 책의 한국어판 저작권은 오렌지에이전시를 통해 저작권사와 독점 계약한 초록개구리에 있습니다. 저작권법에 의해 한국 내에서 보호를 받는 저작물이므로 무단 전재와 복제를 금합니다.

▲ 2017년 해양 생태계 보호 단체인 '핸즈 어크로스 더 샌드'가 연 행사에 참여한 사람들. 이날, 수천 명이 전 세계 곳곳에 모여서 화석 연료가 아닌 청정에너지를 개발하자고 호소했다.

나와 함께 책벌레 공동체를 일구어 가는
수많은 작가, 편집자, 출판업자, 독자들을 위해

들어가는 말 | 생김새와 사는 곳은 달라도 우리는 하나! • 6

1장 생애 첫 공동체

세상에 온 걸 환영해! • 10
어린이가 꼭 누려야 할 것들 • 10
가족의 모습은 가지각색! • 12
널 선택했어! • 12
힘겨운 시기를 견디게 하는 우정 • 13
형제자매는 첫 친구 • 14
학교 갈 시간이다! • 15
법이 그래! • 16

2장 이웃 공동체

이웃이 모여 마을을 이룬다 • 20
이웃과 만드는 별의별 공동체 • 20
전 세계를 이웃으로 삼는 온라인 동호회 • 23
함께 일하자! • 25
친구를 사귈 때는 신중하게! • 27
외딴 공동체 • 28
반짝 공동체 • 32
우리 손으로 마을을 만들자! • 35

3장 몸집이 큰 공동체

같은 종교끼리 모여라! • 38
인종과 민족에 따른 공동체 • 40
성소수자 공동체 • 43
고정 관념은 그만! • 44
낯선 나라에서 살아가기 • 47
그 집단에 속할까, 안 속할까? • 48

4장 세계를 아우르는 공동체

세계를 하나로!—유엔 • 52
사람을 먼저 구한다!—국제 적십자 위원회 • 54
전 세계가 힘을 모으다 • 55
말이 통해요! • 57
멀리서 내민 도움의 손길 • 58
인류를 넘어서 • 61

사진 저작권 목록 • 64

생김새와 사는 곳은 달라도 우리는 하나!

음식과 물, 집, 안전하고 깨끗한 환경은 우리가 살아가는 데 꼭 필요한 것들이다. 하지만 이런 것들만큼 중요한 것은 내가 어딘가에 속해 있다는 소속감이다. 사랑, 인정, 안전, 보호 같은 인간의 기본 욕구는 혼자서 채울 수가 없다. 다행히 우리에게는 살아가면서 남들과 끈끈한 관계를 맺을 기회가 자주 찾아온다. 함께 공부하고 일하면서 우리는 서로에게 도움이 되는 든든한 공동체를 만들고, 그 속에서 서로를 살뜰히 챙길 수 있다.

▲ 가족은 가장 작은 공동체 단위이지만 세계적인 조직만큼이나 사회에 변화를 일으키는 강력한 힘을 갖는다. 사진은 필자의 가족.

주위를 둘러보면 온통 나와 다른 사람들뿐인 것만 같다. 하지만 이 책은 생김새와 사는 곳에 상관없이 우리가 얼마나 비슷한지 보여 준다. 세계 곳곳의 사람들은 함께 모여 건물을 짓고 정보와 즐거움을 나누며 뛰어난 의료 서비스, 영양 가득한 먹거리, 안전, 교육에 이르기까지 모든 것을 서로 나눈다.

그러다 우리가 서로 다른 점보다 비슷한 점이 많다는 사실을 잊을 때 두려움에 빠진다. 안타깝게도 두려움과 분노는 우리가 나중에 후회할 말과 행동을 하도록 만든다. 서로 다른 점만 바라보면, 가족이나 공동체는 무너지기 십상이다.

이 책에서는 각양각색의 사람들이 어떤 방식으로 모여서 서로 지지하고 도우며 살아가는지 살펴보려고 한다. 부모, 형제, 친구 같은 가장 작은 공동체에서부터 전 세계를 아우르는 일에 나선 세계적 조직에 이르기까지, 한데 뭉쳐서 일하는 사람들이야말로 변화를 이루는 강력한 힘이다.

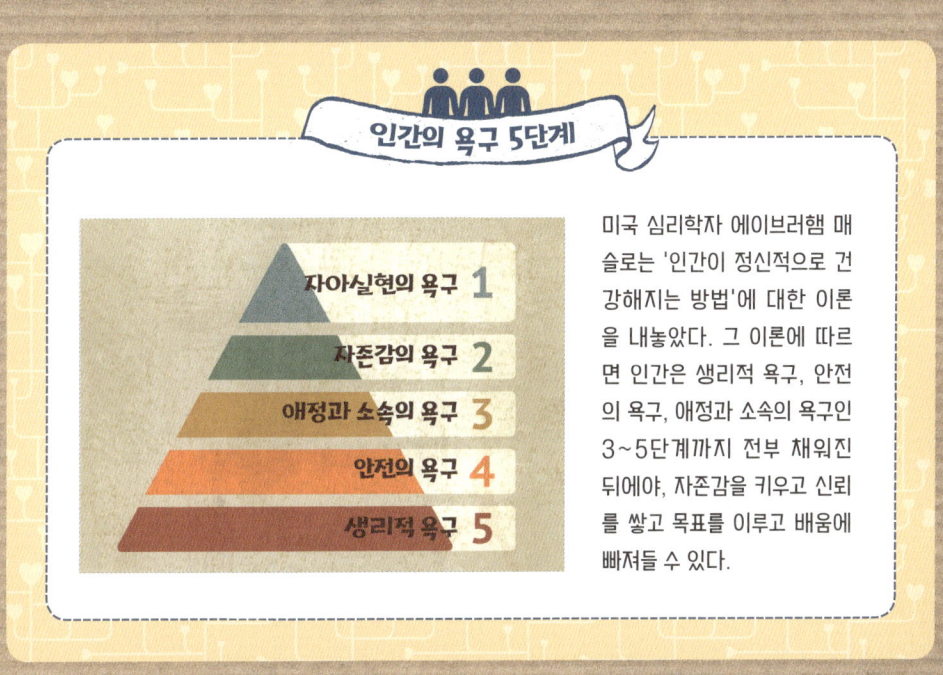

인간의 욕구 5단계

1 자아실현의 욕구
2 자존감의 욕구
3 애정과 소속의 욕구
4 안전의 욕구
5 생리적 욕구

미국 심리학자 에이브러햄 매슬로는 '인간이 정신적으로 건강해지는 방법'에 대한 이론을 내놓았다. 그 이론에 따르면 인간은 생리적 욕구, 안전의 욕구, 애정과 소속의 욕구인 3~5단계까지 전부 채워진 뒤에야, 자존감을 키우고 신뢰를 쌓고 목표를 이루고 배움에 빠져들 수 있다.

▲ 모든 사람은 사랑하고 사랑받으며, 서로 보살펴 준다고 느껴야 더욱 깊은 배움의 길로 나아갈 수 있다.

1장
생애 첫 공동체

다른 동물들과 달리 인간은 태어나서 처음 몇 년은 부모를 비롯한 가족들로부터 보살핌을 받아야 한다. 가족은 흔히 부모와 한두 명의 자녀로 이루어지지만, 이와 다른 형태의 가족도 많다. 이 장에서는 가장 기본적인 공동체인 가족, 친구, 학교에 대해 살펴보자.

▲ 아기는 음식, 집, 그리고 사랑을 주는 사람이 없다면 살아남을 수 없다.

세상에 온 걸 환영해!

몇몇 동물의 새끼는 태어나자마자 저 혼자서도 잘 해 나간다. 예를 들어, 망아지는 태어난 뒤 몇 시간만 지나면 혼자서 서거나 달릴 수 있다. 하지만 인간의 아기는 몇 년 동안 어른들이 보살펴야 한다.

흔히 부부와 한두 명의 자녀가 모여 '핵가족'이라는 가족 형태를 이루지만, 다른 조합으로 이루어진 가족도 많다. 바람직한 가정은 자녀들이 자라서 건강하고 행복한 사회의 구성원이 되는 데 필요한 모든 것을 내주는 곳이다.

어린이가 꼭 누려야 할 것들

1989년, 유니세프(유엔 아동 기금)는 어린이들의 권리를 보호하기 위해 협약을 만들었다. 이 협약에는

이거 알아?
전 세계에서 1분에 255명꼴로 아기가 태어난다. 그리고 그 가운데 약 200명은 가난한 나라에서 태어난다.

▲ 베트남의 한 마을에서 할머니가 손주들을 돌보고 있다.

어린이가 건강하게 자라기 위해 필요한 모든 조건이 담겨 있다.

이때 처음으로 전 세계 나라들은 '어린이가 안전한 집에서 제대로 된 교육을 받고, 알맞은 의료 돌봄을 받으며, 깨끗한 물과 충분한 음식을 제공받을 권리를 지닌 인격체'라는 것을 인정했다. 또한 종교나 인종에 상관없이 모든 어린이가 이러한 권리를 누려야 한다는 점에 뜻을 모았다.

▲ 아프리카 차드 공화국에 있는 마을. 각 공동체의 친인척들이 작은 집을 짓고 옹기종기 모여 산다. 이렇게 가까이 모여 살면, 아이들이나 노인을 돌보는 부담을 덜 수 있다. 그러면서도 가족끼리 따로 살기 때문에 다른 가족에게 간섭을 받지 않아서 좋다.

입양된 어린이를 비롯하여 난민 어린이, 조부모나 다른 가족의 손에 자라는 어린이, 정부에서 돌보는 고아도 당연히 똑같은 대우를 받아야 한다. 그리고 어린이라면 누구나 자신만의 특별한 흥미와 재능을 찾아 발전시킬 수 있도록 도움을 받아야 한다.

가족의 모습은 가지각색!

어떤 가족은 한 지붕 아래 부모와 한 명 이상의 자녀들이 모여 산다. 그러다 부모가 더 이상 같이 못 살고 헤어지면, 자녀들은 아버지와 어머니 집을 오가며 지내곤 한다. 할아버지와 할머니, 삼촌, 숙모, 사촌, 그 밖에 다른 친척들이 한 집에서 모여 사는 가족도 있다. 이런 대가족에서는 증조할머니나 증조할아버지와 같이 사는 아이들도 있다.

널 선택했어!

아기를 돌볼 수 없어 입양을 보내는 부모도 있다. 아기를 입양한 가족은 아기에게 필요한 모든 것을 마련해 주어야 한다. 입양 사실을 모두에게 알리는 공개 입양이면, 친부모는 아이나 입양 가족과 연락을 하며 지낼 수 있다. 공개 입양이 아니면 아이가 어른이 된 뒤에야 친부모가 누구인지 확인할 수 있다.

사람들이 아이를 입양하는 이유는 여러 가지다. 부

이거 알아?

미국 신문 〈워싱턴 포스트〉의 인구 통계 자료에 따르면, 1960년부터 지금까지 미국 한부모 가정 수가 두 배로 늘었다. 한국도 통계청 조사에 따르면 2018년 전체 가구 중에 한부모 가구가 차지하는 비율이 약 11퍼센트로 해마다 조금씩 늘고 있다.

부가 의학적으로 아기를 갖지 못하거나, 동성 부부가 아이를 원할 수도 있다. 또 전쟁이나 자연재해로 가족을 잃은 아이들을 거두어 보살피려는 경우도 있다.

힘겨운 시기를 견디게 하는 우정

힘든 일에 맞닥뜨렸을 때 친구라는 존재가 얼마나 소중한지, 유니세프는 잘 알고 있다. 그래서 난민 캠프에 임시 학교를 세우는 것이다. 아이들은 교실에서 자연스레 친구를 사귈 수 있다. 함께 이야기를 나눌 누군가가 있다면, 더욱이 같은 일을 겪는 친구가 있다면 아무리 힘겨워도 이겨 낼 수 있다.

▲ 한 집에 사는 싱글 맘들은 주거비를 아끼고 가족처럼 서로 의지하며 아이들을 함께 기른다.

▲ 어린 시절 소꿉친구는 훗날 결혼식 들러리가 되어 주기도 한다.

▲ 쌍둥이들은 어릴 때부터 늘 붙어 다니며 자기들끼리만 통하는 언어를 만드는데, 이를 '쌍둥이 언어'라고 한다.

어린 아이를 함께 키우면서 돈독한 우정을 쌓는 엄마들도 있다. 아이를 키울 때는 가족과 이웃의 도움이 절실하지만 모두가 그런 도움을 받는 건 아니다. 미국의 민간단체 '코어보드(CoAbode)'는 함께 살고 싶어 하는 싱글 맘들을 서로 이어 준다.

싱글 맘은 '혼자서 아이를 키우는 엄마'를 말한다. 싱글 맘끼리 가진 것을 나누면 좀 더 나은 집을 마련할 수 있고, 식사 준비나 장보기 같은 집안일도 덜 수 있다. 게다가 아이들에게는 함께 사는 친구가 생겨서 좋다.

형제자매는 첫 친구

형제자매는 태어나서 처음 만나는 친구다. 집 안에서 경쟁하고 협동하면서, 남을 배려하고 자기 것을 나누는 법을 배운다. 가족 외에 아이가 사귀는 첫 친구는 대개 부모 소개로 만난다. 아이들은 자랄수록 집 바깥에서 친구를 만날 기회가 점점 많아진다.

▲ 인도의 한 학교 교실 풍경. 학교는 공부하는 곳이면서, 친구들과 놀기 위한 곳이기도 하다.

학교 갈 시간이다!

학교는 그저 국어, 수학, 과학 같은 과목만 공부하는 곳이 아니다. 남들과 잘 지내는 법도 배우고 미술, 연극, 목공, 요리, 무용 같은 집에서 해 보기 어려운 분야도 경험하는 곳이다. 학교에 다니면서 발견한 재능과 열정이 훗날 직업을 선택하는 데 큰 영향을 미친다. 더러는 선생님의 조언 덕분에 자신의 적성과 소질을 깨닫기도 한다.

이거 알아?

기네스 세계 기록에 따르면, 한 여성이 낳은 최대 자녀 수는 무려 69명이다. 1700년대, 러시아에 살던 발렌티나 바실리예프는 임신 스물일곱 번 만에 쌍둥이를 열여섯 번, 세쌍둥이를 일곱 번, 네쌍둥이를 네 번 낳았다고 한다. 이 여성은 한평생 얼마나 바빴을까!

법이 그래!

1970년대에 이르자, 지구에 인구가 지나치게 많다는 걱정의 목소리가 높아지기 시작했다. 사람들은 '해마다 신생아 수가 너무 늘면 어쩌나?', '어떻게 전 인류가 먹을 식량을 생산해 낼까?' 하고 고민했다. 1979년, 중국 정부는 가족당 자녀를 한 명만 낳으라는 '한 자녀 정책'을 펼쳤다. 이 정책은 30년 넘게 이어졌다. 시골 가정은 자녀를 한 명 이상 낳을 수 있도록 하는 몇 가지 예외가 있었지만, 한 자녀 정책은 중국의 인구 증가율을 막는 데 한몫했다. 그런데 시간이 흐르면서 생각지도 못한 문제가 줄줄이 생겨났다. 청년 수가 줄면서 일할 사람이 부

사랑을 믿어요

나는 아이를 낳고 나서 부모님, 막내 남동생과 함께 살았다. 그래서 아이는 엄마인 나만큼이나 할머니, 할아버지와도 친했다. 나는 싱글 맘이었지만 부모님과 함께 아이를 키워서 아이에게 부모는 나, 할머니, 할아버지까지 모두 셋인 셈이다. 사진은 막내 남동생과 함께한 아이의 모습이다. 아이에게 막내 삼촌은 큰오빠 같은 존재다.

족해졌고, 노인은 느는데 노인을 돌봐 줄 노동 인구 역시 점차 줄어들었다. 그러자 중국 정부는 2015년에 한 자녀 정책을 폐지했다. 지금은 공식적으로 모든 부부가 두 명의 아이를 낳을 수 있지만, 아이를 키우는 데 워낙 돈이 많이 들다 보니 아이를 더 낳으려는 사람은 많지 않다.

▲ 중국 베이징의 식당 풍경. 중국에서는 자녀 한 명과 식사하는 가족을 자주 볼 수 있다.

내가 배울 것은 내가 결정한다!

교실 풍경은 세계 어디나 거의 비슷하다. 선생님은 교실 앞쪽에 서 있고, 학생들은 책상에 앉아 특정 과목을 공부한다. 하지만 캐나다 밴쿠버에 있는 학교 '윈저 하우스'에서는 학생들이 직접 무엇을 언제 배울지 결정한다. 이 학교에서는 서로 다른 학년의 학생들이 흥미와 능력에 따라 골고루 뒤섞여 함께 수업을 듣는다. 선생님은 일방적으로 수업을 이끌기보다는 학생들이 자유롭게 배우도록 돕는다. 고학년 학생들과 부모들은 다양한 주제를 놓고 정보를 나누고 열띤 토론을 벌인다. 또 학생들은 학교 회의에 참여하여 학교 운영 방식을 정하는 데 도움을 준다. 학교는 학생들의 참여와 제안을 매우 진지하게 받아들인다. 놀이는 시간 낭비가 아니라 중요한 활동이다. 아이들은 쉬는 시간뿐 아니라 온종일 놀아도 된다.

친부모가 아이를 제대로 돌봐 줄 수 없을 때 정부가 나서기도 한다. 이때 법원이나 정부 기관은 아이들이 가정을 잠시 떠나 위탁 가정에 가도록 판결하기도 한다. 위탁 가정은 이런저런 이유로 친부모와 함께 살 수 없는 아이를 잠시 돌봐 주는 가정을 말한다. 약물 중독이나 폭력 성향 같은 이유로 아이를 돌보기 힘든 부모는 아이에게 안전하고 편안한 가정을 마련해 줄 수 있을 때까지 치료와 상담을 비롯한 여러 지원을 받는다.

2장
이웃 공동체

흔히 가까이 사는 사람들을 '이웃'이라고 부른다. 하지만 꼭 같은 동네에 살아야만 이웃일까? 이 장에서는 취미, 나이, 직장을 비롯한 갖가지 이유로 모여 삶을 나누는 이웃 공동체를 알아보자.

이웃이 모여 마을을 이룬다

사람들은 인구가 많은 지역에 모여 산다. 가까운 데 사는 사람들을 '이웃'이라 하고, 여러 이웃이 모여 살면서 마을을 이룬다. 한적한 시골 동네에 산다면, 가장 가까운 이웃도 수 킬로미터 떨어져 산다. 반대로 대도시 한복판에 산다면, 한 아파트 단지에서 수많은 다른 가족과 함께 살 수도 있다.

이웃과 만드는 별의별 공동체

우리는 대개 가까이 사는 사람들과 하나의 공동체를 이룬다. 하지만 자주 이사하는 사람과도 계속 연락을 주고받으며 이웃으로 지낼 수 있다. 요트에서 생활하는 사람들은 바람이나 날씨에 따라, 혹은 마음 가는 대로 이곳저곳 떠돌아다닌다. 그러다가 닻을 내리거나 배를 댈 수 있는 해안에

▲ 세계에서 가장 큰 아파트 '르 리뇽'. 스위스 제네바에 있는 이 아파트는 길이가 약 1킬로미터에 이르며 거의 7천 명이 모여 산다.

▲ 길거리에서 즐겁게 노는 쿠바 아이들. 이웃이 있으면 놀이도 함께할 수 있다.

▲ 돼지 키우는 법을 배우려고 모인 청소년 농촌 체험 단체의 아이들.

닿으면, 거기서 새로운 사람을 사귀고 친구가 된다. 유람선들도 바다를 가로지르면서 연락을 주고받는다. 날씨 정보도 알려 주고, 배에 고장이 나면 서로 돕는다. 이동식 주거 차량에 사는 사람들은 캠핑장이나 공원 같은 곳에서 사람들을 만나 서로 이웃이 된다.

공동체는 다양한 활동을 벌이면서 만들어지기도 한다. 예를 들어, 산을 좋아하는 사람들은 집에서 멀리 떨어진 산에서 다른 등반가들을 정기적으로 만난다. 취미로 하는 당일치기 암벽 등반이나 몇 주 또는 몇 달이 걸리는 대규모 원정을 계획할 때, 등반가 단체는 다 같이 모여 경험을 나누고 장비를 함께 쓴다.

어떤 노인들은 가족보다 노인끼리 모여 살고 싶어 한다. '더 빌리지스'는 미국 플로리다에 있는 은퇴자 마을로, 나이가 55세 이상인 사람들이 10만 명 넘게 살고 있다. 이곳 사람들은 대부분 골프 카트를 타고 다닌다. 이 마을에 있는 골프 카트만 해도 약 5만 대나 된다. 골프 카트는 원래 골프장에서 선수들이 이동할 때 타는 작은 차량이지만, 이 마을에서는 승용차처럼 쓰인다. 하나같이 멋진 디자인에 색상도 화려해서 옛날에 유행한 고급 승용차처럼 보인다.

전 세계를 이웃으로 삼는 온라인 동호회

사람들은 다양한 취미를 가지고 있다. 케이팝, 농구, 단추 수집 같은 갖가지 취미를 즐긴다. 사람들은 살고 있는 지역의 취미 활동 모임에 들어가 활동하기도 하지만, 온라인 동호회를 만들어 취미에 대한 정보를 서로 나누기도 한다.

거미처럼 별난 것을 좋아한다면, 인터넷 없이는 표본을 수집하고 보관하며 분류하는 비법을 알아내기 쉽지 않다. 온라인 동호회는 다양한 정보를 제공할 뿐 아니라 전 세계 거미 수집가들과 이어

노인과 대학생이 친구가 되면?

한 연구 결과에 따르면, 다양한 연령대의 사람들과 교감을 나누며 지내는 노인이 더 행복하고 건강하게 산다고 한다. 네덜란드의 '후마니타스 요양원'에는 대학생 여섯 명이 한 달에 30시간씩 '따뜻한 이웃'이 되어 주는 조건으로 집세 없이 살고 있다. 대학생들은 노인들과 친구처럼 이야기를 나누며 시간을 보낸다.

알고 보면, 양쪽 모두에게 이득이다. 노인들은 잠시나마 아픔과 죽음을 잊을 수 있고, 젊은 이웃이 들려주는 학교 생활이나 놀이 문화에 신선한 즐거움을 느끼며 함께 외출도 할 수 있다. 학생은 집 문제를 해결하면서, 노인들이 들려주는 유쾌하고 행복한 삶에 대한 소중한 지혜까지 얻을 수 있다. 물론 이 프로그램을 시작한 목적은 노인들의 돌봄 서비스 비용과 대학생들의 집세 부담을 줄이기 위한 것이었지만, 최종 목표는 대학생과 노인 모두가 이 특별한 공간에서 가족애, 우정, 즐거움을 발견하는 것이다.

▲ 오늘날 전 세계 아이들은 온라인으로 서로의 관심사를 나눈다.

주는 가장 좋은 통로가 된다. '미국 타란툴라 협회'에 가입한 회원들은 거미에 대한 온갖 자료가 담긴 잡지를 받는다. 온라인 토의에도 참여하고, 세계에서 가장 큰 거미류로 독성을 지닌 타란툴라뿐만 아니라 다른 거미류와 전갈에 이르기까지 갖가지 정보를 받아 본다. 심지어 해마다 열리는 회의에도 참석할 수 있다.

하지만 온라인 활동을 할 때는 현명하게 행동해야 한다. 주소, 이름, 전화번호 같은 개인 정보는 절대 올리지 않는 것이 안전하다. 온라인으로만 아는 사람과는 실제로 만나지 않도록 한다. 온라인에서 뭔가 꺼림칙한 것을 발견했다면, 먼저 어른에게 알린다. 자신이나 다른 사람의 사진을 온라인에 올리기 전에 반드시 부모님과 상의하고, 기분 나쁜 메시지를 받았다면 부모님을 비롯한 어른에게 곧바로 알린다.

함께 일하자!

직장인들은 일터에서 몇 년 동안 함께 지낸다. 어떤 나라들에서는 직장인들이 매주 40시간 이상 일한다. 20세에 일을 시작해서 65세에 그만두는 사람은 9만 시간이 넘는 긴 세월을 일터에서 보낸 셈이다. 직장인들은 직업을 바꾸기도 하는데 그때마다 맡는 업무도 다양하다. 하지만 날마다 동료들과 오랜 시간을 보내는 건 어디에서나 여전하다.

훌륭한 직장에서는 동료끼리 친하게 지내도록 권장하며 근무 시간에도 서로 어울릴 기회를 제공한다. 볼링 대회나 야유회 같은 신나는 행사를 여는 직장도 있고, 요가나 춤, 미술 강

▲ 카멜레온을 키우는 아이. 카멜레온처럼 특이한 동물을 키우는 사람들은 대부분 동호회에서 정보를 얻는다.

▲ 인도의 다국적 기업 '인포시스'에는 볼링장과 수영장이 갖춰져 있다. 직원들이 즐겁게 시간을 보낼 만한 공간은 동료들이 친하게 지내도록 하고, 행복감과 소속감을 느끼게 한다.

▲ 미국 캘리포니아에 있는 세계에서 가장 큰 인터넷 검색 서비스 기업 '구글'은 즐거운 일터로 이름이 높다.

사랑을 믿어요

내가 어렸을 때 우리 가족은 이사를 자주 다녔다. 나는 수줍음이 많았지만 새 학교에 하루빨리 적응하려면 낯선 아이들과 친구가 되는 법을 터득해야 했다. 어른이 되어서 나는 산을 오르거나 배를 타는 취미를 갖게 되었다. 배를 타거나 산을 오르다가 낯선 사람을 만나면, 어린 시절에 익혔던 친구 사귀는 기술이 빛을 발했다. 새 친구를 사귀는 방식은 어딜 가나 똑같다. 먼저 활짝 웃으면서 말을 걸어 보자. 자기도 모르는 사이에 새 친구와 수다를 떨게 될 테니까. 사진은 카리브 해를 여행할 때의 모습이다. 작은 보트는 세계 곳곳에서 온 사람들로 꽉 찼다.

좌를 여는 직장도 있다. 직원들이 행복감과 소속감을 더 많이 느낄수록 직장에 더 오래 남기 마련이다.

친구를 사귈 때는 신중하게!

폭력 조직에 몸담은 사람들은 더 강해지고 인정받고 싶은 욕망에 이끌려 조직에 들어간 경우가 많다. 미국 로스앤젤레스 경찰국은 젊은이들이 폭력 조직에 들어가는 이유를 조사해 목록을 만들었다. 목록에는 '범죄가 자주 일어나는 지역에서 살면서 보호 세력이 필요하기 때문'이라거나, '범죄 활동에 끼고 싶어서'와 같은 내용이 들어 있다.

노숙자에게 집다운 곳을!

영국 런던에 있는 '사이먼 커뮤니티'는 1963년부터 노숙자를 돕고 있다. 노숙자들은 자원봉사자와 힘을 모아 거리를 떠도는 또 다른 노숙자들에게 음식과 따뜻한 음료, 그 밖의 다양한 서비스를 제공한다. 자원봉사자들이 연 '이동식 거리 카페'에서는 노숙자들이 내쫓길 걱정 없이 친구들과 가벼운 식사도 하고 체스 게임도 할 수 있다. 몇몇 자원봉사자들은 노숙자들과 공동주택에서 함께 생활한다. 공동주택에 사는 모든 사람들은 집안일을 나누고 함께 식사하며 '서로 사랑하고 인정하는 분위기'를 만드는 데 최선을 다한다.

또한 로스앤젤레스 경찰국은 조직원들이 가정에서 가족애나 소속감을 느끼지 못하다가 폭력 조직에 들어가면서 대가족 같은 분위기를 경험한다고 말한다.

안타깝게도, 조직원으로서 치러야 할 대가는 엄청나다. 폭력 조직 사이의 세력 다툼에 휘말려 심하게 다치거나 목숨을 잃기도 한다. 조직에 계속 남으려고 더 많은 범죄를 저지르다가 결국 감옥에서 몇 십 년이나 지내야 하는 징역형을 받기도 한다.

외딴 공동체

교도소

때로는 아무 계획 없이 누군가와 같이 살게 되는 일이 있다. 예를 들면 교도소 같은 곳이다. 교도소는 거기 머물고 싶지 않은 사람들이 모여 함께 생활하는 곳이다. 무거운 범죄를 저지른 사람은 교도소에서 아주 오랫동안 지낸다.

여느 공동체와 마찬가지로 교도소에 갇힌 죄수들에게도 맡은 임무와 지켜야 할 규칙이 있다. 교도소에서 마련한 수업도 듣고, 어떤 작업이나 과제도 하고, 여러 프로그램에도 참여해야 한다. 교도소 생활은 누구에게나 힘들다. 그런 가운데에도 죄수들은 서로 친해지기도 한다. 교도소에서 싹튼 우정은 자유로운 몸이 된 다음에도 오랫동안 이어진다.

임신한 여성이 교도소에 들어오기도 한다. 산모와 신생아는 함께 지내야 하므로 교도소는 산모를 위한 육아실을 따로 마련한

▲ 멕시코 가수 글로리아 트레비가 몇 년 전 자신이 지낸 교도소에 방문해 재소자들과 만나고 있다. 비슷한 처지의 사람이 들려주는 이야기는 더 크게 와닿는다.

다. 미국에서 가장 오래된 교도소 육아실은 뉴욕에 있는데, 1901년부터 오늘날까지 운영되고 있다. 태어난 지 1년이 되면 아기는 더 이상 엄마와 함께 지낼 수 없다. 그래서 이 교도소에서는 특별한 접견실과 좀 더 큰 아이들을 위한 방문 프로그램을 마련하고 있다. 감옥에서 풀려난 뒤에 일자리를 얻도록 엄마 죄수들을 위한 직업 훈련 프로그램도 진행한다.

어떤 교도소는 장애인을 돕는 도우미견 훈련 단체와 손을 잡는다. 죄수들은 도우미견을 보살피고 훈련하는 방법을 배운다. 죄수들은 가치 있는 직업 기술을 익히고, 개들은 장애 때문에 도움이 필요한 사람들을 돕는다. 그밖에도 죄수들이 사회로 나가서 스스로 살아나갈 수 있게 목공, 제빵, 요리와 같은 다양한 기술을 가르친다.

▲ 그리스의 칼리돈 섬은 유럽의 마지막 나환자 수용소로, 1903년부터 1957년까지 운영되었다.

나환자 수용소

'한센병'이라고도 불리는 나병은 박테리아 때문에 생긴다. 병이 든 피부는 부스럼과 종기가 생기고 헐어 문드러진다. 끊임없이 통증에 시달리고, 팔다리가 마비되기도 한다. 나병을 앓는 사람을 '나환자'라고 하는데, 이들은 오랜 세월 나병을 친구 삼아 살아간다. 항생제가 나오기 전에는 건강한 사람도 이 전염병에 걸릴까 봐 두려워했다.

나환자 수용소는 나환자들이 생을 마감하는 곳이다. 어떤 수용소는 나환자가 건강한 사람과 만나는 일이 없도록 외딴 곳에 자리 잡는다. 하와이 몰로카이 섬에 있는 칼라와오는 1866년부터 1900년대 초반까지 나환자 마을이었다. 이곳에 온 나환자는 1,000명에 이르렀다.

캐나다 브리티시 콜롬비아의 서쪽 해안에서 한참 떨어진 다르시 섬은 한때 나병에 걸린 중국계 캐나다 사람들이 살던 곳이다. 배로 1년에 네 번 보급품을 보내긴 했지만, 나머지 필요한 것은 환자들이 섬에서 알아서 마련해야 했다. 1890년대 초부터 1924년 사이에 중국인 나환자 49명이 이 비참한 마을에 들어갔다. 나병에 대한 공포와 무지, 게다가 중국 이민자를 반기지 않던 당시 캐나다 사람들의 인종 차별까지 겹치면서 이 지역 정치인들마저 중국인 나환자에게 모질게 대했다.

요양원 아래 어린이집

캐나다 토론토의 한 요양원은 어린이집과 건물 위아래 층을 나눠 쓴다. 노인과 아이들은 춤도 추고 요리도 하고 만들기도 하며 일주일에 여러 차례 함께 다양한 활동을 한다. 노인들은 생기발랄한 어린 친구들과 지내는 것이 무척 즐겁다. 아이들은 휠체어나 지팡이, 보행 보조기에 의지해 다니는 노인들과 친하게 지내는 법을 배운다.

> **이거 알아?**
>
> 세계에서 가장 큰 선수촌이 2016년 브라질 하계 올림픽 때 리우데자네이루에 지어졌다. 식당도 어마어마해서, 한 번에 무려 5,000명이 식사를 할 수 있을 정도다.

오늘날 한센병은 항생제로 치료한다. 하지만 이렇게 치료가 되는데도, 아직 나병에 대한 뿌리 깊은 편견이 좀처럼 바뀌지 않아 사람들은 나환자를 여전히 꺼린다. 세계 보건 기구는 부정적인 이름인 나병을 한센병으로 바꿔 부르며 전 세계 사람들을 교육하는 데 힘쓰고 있다.

반짝 공동체

아주 짧은 기간에 수많은 사람을 머물게 하려고 짓는 임시 공동체도 있다. 4년마다 전 세계 수천 명의 선수들이 한자리에 모여 올림픽 경기를 치른다. 세계 곳곳에서 온 선수들은 낯선 나라에 있는 동안 훈련하면서 먹고 지낼 곳이 필요하다. 올림픽을 여는 나라는 큰돈을 들여 선수와 지도자들이 묵을 소도시 규모의 선수촌을 짓는다. 올림픽이 끝나면, 숙소와 운동 경기 시설은 대체로 지역 주민들이 이용한다.

그 밖에도 짧은 기간 동안 음악 축제를 비롯해 각종 행사에 참여하는 수천 명의 사람들을 지원하기 위해 마을이 임시로 만들어진다. 행사는 고작 며칠이지만 많은 사람이 한꺼번에 먹고 자고 씻을 곳이 필요하다. 행사 규모가 크면 보안이나 응급 처치 설비, 각종 언론 매체들을 위한 시설도 마련해야 한다.

난민 캠프는 전쟁이나 자연재해, 굶주림, 재정이나 환경 문제로 집을 떠난 사람들에게 쉼터를 마련해 준다. 교육, 의료, 안전, 위

▲ 2016년 리우데자네이루 올림픽 선수촌에서 축하 행사를 즐기는 선수들. 올림픽은 지구촌 사람들이 한자리에 모여 운동 실력을 겨루는, 흔치 않은 화합의 장이다.

▲ 에티오피아에 세워진 이케아 쉼터. 튼튼하면서도 실용적으로 지어져서 비상 상황에 좀 더 오래 지낼 수 있다.

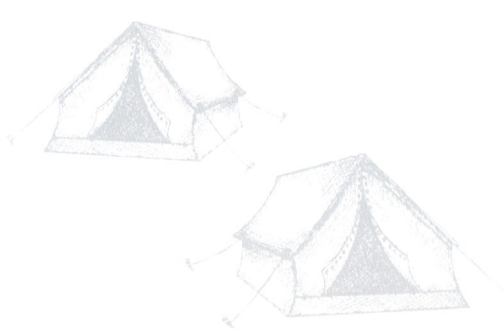

▲ 이스라엘의 '키부츠'는 함께 농사를 짓고 도우며 살아가는 집단 농업 공동체이다.

생 관리 같은 기본 서비스는 정부나 비영리 단체가 맡는다. 난민 캠프는 잠시 머무는 쉼터로 만들어졌지만, 몇 년 동안 머무는 사람도 많다. 숙소라고 해 봐야 텐트이거나 마을에 있는 판자나 천막 따위를 닥치는 대로 모아 만든 보잘것없는 집이다.

최근 스웨덴 가구 제조업체 이케아는 훨씬 튼튼한 쉼터를 선보였다. 상자 두 개짜리 조립식 쉼터로 5명이 지낼 만큼 공간이 넉넉하고, 지붕에 태양전지판도 달려 있다. 매일 밤 네 시간씩 전등도 켜고 휴대폰도 충전할 수 있게 되면서 난민들의 삶은 크게 나아졌다. 또한 문 잠금 장치와 튼튼한 벽 덕분에 난민들은 개인 생활도 보호받으면서 안심하고 지낼 수 있게 되었다.

이케아 쉼터는 지금까지 세워진 난민 캠프의 그 어떤 쉼터보다 뛰어난 시설을 갖추고 있어서 몇몇 권위 있는 디자인상을 휩쓸었고, 세계 곳곳에 1만여 개가 설치되었다.

우리 손으로 마을을 만들자!

마음이 맞는 사람들이 함께 모여서 공통된 신념과 생활 방식을 나누고자 공동체를 만들기도 한다. 이런 공동체는 주로 종교나 사회적 또는 정치적 신념이 비슷한 사람끼리 만든다. 공동체를 이루는 사람들은 서로 가까이에서 살고 일하면서 정해진 규칙을 따른다. 그리고 협력, 동반자 관계, 공동 작업 같은 개념을 중요하게 여기며 살아간다. 환경과 생태에 관심이 많은 공동체는 '생태 마을'을 이루기도 한다.

1960년대부터 1970년대까지 미국인들은 대부분 일자리를 찾기 어려웠다. 게다가 베트남 전쟁에서 돌아와 사회에 적응하지 못하

▼ 캐나다 밴쿠버에 있는 한 생태 마을에서 열린 메이폴 댄스 행사. 이 행사는 봄에 씨앗을 뿌린 뒤 그 해의 풍작을 비는 풍습으로, 마을 주민과 관광객이 함께 어우러져 즐긴다.

▲ 마당이 없는 사람들은 마을에 공동 텃밭을 만들어 채소나 꽃, 약초도 키우면서 이웃과 즐거운 한때를 보낸다.

이거 알아?

세계 생태 마을 네트워크에 따르면, 전 세계에 1만 3,000여 곳이 넘는 생태 마을이 있다. 한국에도 선애빌, 홍동마을 같은 생태 마을이 있다.

는 사람도 많았다. 사람들을 여러 인종으로 나누고, 특정 인종을 깔보고 불평등하게 대하는 '인종 차별'과 여성에게 기회를 주지 않는 '여성 차별'에 반대하는 사람도 많았다.

이런 갖가지 불평등에 맞서 싸우고자 하는 사람들이 모여서 함께 생활하는 공동체를 만들었다. 이런 공동체는 대부분 농촌 지역에 들어섰고, 구성원들은 먹거리를 직접 길러서 스스로 마련했다.

3장
몸집이 큰 공동체

친구와 가족, 이웃, 동료보다 훨씬 큰 집단의 구성원들도 종교나 인종, 민족을 토대로 똘똘 잘 뭉치곤 한다. 이런 공통점은 같은 무리에 속한 사람들의 단합을 돕지만, 의견이 다른 사람들과는 다툼을 불러오기도 한다. 이 장에서는 이런 단합과 다툼이 어떻게 사람들을 하나로 모으고 갈라놓는지 살펴보자.

같은 종교끼리 모여라!

전 세계 인구의 약 84퍼센트는 종교를 가지고 있다. 그렇다면 종교는 왜 그토록 인간에게 중요할까?

종교들은 저마다 내용은 조금씩 다르지만 사람들에게 올바르게 살아가도록 도덕적 가치를 가르치고, 공동체 안에서 어떻게 살아야 하는지 알려준다. 또한 삶의 의미와 죽음 뒤에 벌어질 일과 같은 어려운 질문에 답을 준다.

종교를 믿는 사람이 많다 보니, 신도가 모이는 곳에는 자연스레 공동체가 만들어진다. 공통된 신념이나 활동, 의식, 행동에 대한 기대는 사람들을 하나로 모은다. 몇몇 종교나 전통 신앙에서는 수업을 열어 아이들에게 가르침을 전해 준다. 아이들과 어른이 의식이나 예배에 함께 참석하기도 한다.

▲ 오스트리아 비엔나에서 아이들이 하얀 예복을 갖춰 입고 가톨릭 예배 의식인 미사에 참석하러 가고 있다. 2013년 통계에 따르면, 오스트리아 사람들의 약 65퍼센트가 가톨릭 신자다.

▲ 인도 타왕 사원에서 놀고 있는 어린 승려들. 타왕 사원은 인도에서 가장 큰 티베트 불교 사원으로, 어린 승려들이 모여 살면서 수행한다.

대다수 종교에서 그 종교만의 교리와 수행을 진지하게 배우려는 사람들이 함께 모여 지낸다. 가톨릭에서는 수녀처럼 신앙심이 깊은 여성들이 같이 살며 연구하는 단체를 '수녀회', 수도승처럼 신앙심이 깊은 남성들이 모인 단체를 '수도회'라 한다. 수녀원과 수도원은 이런 경건한 연구가 이루어지는 곳이다.

불교에서 승려는 세상과 멀리 떨어져 살면서 붓다의 가르침을 배우고 사람들에게 널리 알리는 사람이고, 절은 이들이 모여 수행하는 곳이다.

이거 알아?

전 세계에 알려진 종교와 정신 수련의 종류는 4,200여 개에 이른다. 2014년 한국 갤럽의 조사에 따르면, 한국에서 종교를 가진 사람의 비율은 전체 인구 중 50퍼센트에 이른다.

인종과 민족에 따른 공동체

우리 할아버지와 할머니는 어디에서 태어났을까? 증조할아버지와 증조할머니는? 우리가 어디서 왔는지 생각하는 일은 우리가 누구인지 알아 가는 데 실마리를 준다. 이처럼 인종이나 민족성에 관한 정보는 내가 누구인지 깨달아 가는 데 도움을 주지만, 인종이나 민족성이 실제 어떤 의미인지는 학자들마다 여전히 다른 의견을 내놓고 있다.

유엔 교육 과학 문화 기구인 유네스코는 1950년에 "인종은 생물학적 현상이라기보다는 사회적 신화에 가깝다."라는 성명을 냈다. 세계 각지 사람들은 주어진 환경 조건에 맞춰 신체적 특징을 발전시켜 나갔을 뿐, 결국 인간은 모두 같은 종이다. 인종은 그저 사람들을 분류하는 단순한 방법에 지나지 않는다. 하지만 이렇게 생물학적으로 똑같은데도 인종이 다르다는 이유로 같은 인종끼리 똘똘 뭉쳐 겉모습이 다른 사람을 차별하고 학대하는 일이 벌어지고 있다.

민족 집단은 독특한 언어와 관습, 신념이 담긴 문화를 공유하는 사람들로 이루어진다. 그렇지만 민족 정체성이 하나 이상인 사람도 있고, 다른 민족 집단에 속하려고 문화와 언어를 익히고 관습과 신념을 받아들이는 사람도 있다.

때로는 자기는 이미 어떤 공동체에 속해 있다고 생

> **이거 알아?**
>
> 제시 잭슨은 아프리카계 미국인 인권 운동가로, '아프리카계 미국인'이란 용어를 널리 알렸다. 아프리카 사람을 조상으로 둔 미국인도 조상이 아일랜드에서 온 아일랜드계 미국인이나 이탈리아에서 온 이탈리아계 미국인과 다르지 않다고 주장했다.

▲ 2008년 미국 인구 조사에 따르면, 미국 신혼부부 가운데 약 15퍼센트가 다른 인종과 결혼한 것으로 나타났다.

각하는데, 여전히 그 사실을 인정받지 못하는 일도 있다. 캐나다 농구 선수 조시아 윌슨은 아이티에서 태어났다. 태어난 지 5개월 만에 캐나다 원주민 의사에게 입양되었기 때문에, 캐나다 원주민 법에 따라 원주민이 되었다. 원주민도 조시아를 부족의 한 사람으로 여겨 왔다. 그런데 농구를 무척 잘하는 조시아는 원주민 사회에서 개최하는 농구 시합에 나갈 수 없었다. 조시아와 가족이 피를 나눈 가족이 아니었기 때문이다. 규정에 따르면, 선수는 북아

이거 알아?

미국의 웹사이트인 'wearethe15percent.com'은 서로 다른 인종으로 혼인이 이루어진 부부와 그 가족의 사진 수백 장을 올리면서 미국의 가족 구조가 바뀌고 있다는 사실을 널리 알리고 있다.

▲ 입양된 아이들은 부모나 형제자매들과 생김새가 다르기도 하다.

메리카 원주민의 피가 적어도 8분의 1은 섞여야 했다. 조시아 가족은 인권 재판소에 이 규정에 따를 수 없다는 의견을 내놓았고, 시합 주최 측은 규정을 다시 생각해 보기로 했다. 그리고 지금은 혈통이 아니라 원주민의 일원이라는 법적 서류만 내면 선수 자격이 주어진다.

조시아 윌슨처럼 태어난 곳과 다른 문화에서 자라난 아이들이 자기 앞에 놓인 현실을 바로잡는 일이 많다. 입양된 사회에서, 특히 주변 사람들과 생김새가 다르면 그 사회에 완전히 녹아들기가 쉽지 않다. 입양된 아이들 중에는 친가족의 문화와 전통을 알고 싶어 하는 아이들도 있다. 양부모는 아이의 원래 가족과 계속 연락하거나, 아이에게 태어난 나라의 말과 글을 가르치거나, 태어난 나라로 여행을 보내거나 해서 아이가 자신의 뿌리를 잘 이해하도록 돕기도 한다. 하지만 전혀 다른 문화권에서 자라다 보면, 자기가 태어난 곳에 소속감을 가지기란 몹시 어렵다. 결국 태어난 나라에서는 소속감을 느끼지 못해 마음의 갈피를 잡지 못하고, 자신이 살고 있는 나라에서는 겉도는 일이 생긴다.

성소수자 공동체

성소수자는 자신이 어떤 성인지를 인식하는 성 정체성이 사회가 정한 표준에서 벗어난 사람들을 말한다. 우리 사회는 대부분 자신과 다른 성별의 사람을 사랑하고, 태어날 때 정해진 성별과 자신이 인식하는 성별이 같아야 한다고 여긴다. 그렇지 않을 때는 이상한 사람으로 여기거나 에이즈 같은 질병을 옮기는 원인으로 취급하기 때문에 이들이 모일 수 있는 곳은 어디에도 없다. 그나마 요즘에는 성소수자 공동체가 세계 곳곳에 생기고 있다.

▼ 무지개 깃발은 성소수자 공동체의 다양성을 상징한다. 색깔마다 특별한 뜻이 담겨 있다. 빨간색은 생명, 주황색은 치유, 노란색은 햇빛, 초록색은 자연, 파란색은 조화와 평화, 보라색은 영혼을 뜻한다.

▲ 다양한 배경의 사람들이 참여하는 성소수자 축제.

같은 성별을 사랑하는 동성애가 법으로 금지되는 나라에서 성소수자 공동체 회원들은 작은 규모로 조심스럽게 모인다. 이들은 서로를 응원하고 지역 사회의 사고방식이나 신념, 법을 서서히 바꿔 나갈 방법을 찾으려 애쓴다.

성소수자라고 밝힌 사람들이 사회 구성원으로 인정받는 곳에서는 성소수자 공동체가 해마다 축제를 연다. 축제 기간 동안 성소수자 공동체는 행진을 벌이고 축하 행사를 연다. 동성애자끼리 결혼식도 올리고, 성적 성향으로 사람들에게 받는 괴롭힘이나 차별에 맞서 시위를 벌이기도 한다. 한국에서도 성소수자들이 2000년부터 해마다 퀴어 문화 축제를 열고 있다.

고정 관념은 그만!

인종, 민족, 종교는 각 집단 구성원 사이를 끈끈하게 이어 준다. 하지만 한 집단이 다른 집단을 적으로 여기면 매우 깊은 갈등에 빠진다.

고정 관념은 사람들의 행동을 결정하는 잘 변하지 않는 굳은 생각, 또는 지나치게 당연한 것처럼 알려진 생각을 말한다. 고정 관념은 흔히 어떤 인종, 민족, 종교 집단의 사람들에 대해서 나타나기도 한다. '프랑스 사람은 다들 멋쟁이다' 같은 고정 관념은 나쁜 뜻이 없으므로 아무도 심각하게 받아들이지 않는다. 하지만 남을 아무 이유 없이 헐뜯고 차별하는 고정 관념이 생기면, 이는 집단 사이의 갈등으로 이어지고 마침내 전쟁까지 일어날 수 있다.

미국의 백인과 아프리카계 미국인 사이의 갈등은 끔찍한 폭력으로 번졌다. 미국 역사에서 인종 사이의 갈등이 가장 컸던 시기는 1950년대와 1960년대로, 이때 흑인 민권 운동이 일어났다. 아프리카계 미국인들은 시민이라면 누구나 똑같이 대우받아야 한다고 주장했다. 하지만 인종을 차별하는 정책을 그대로 지키고 싶어 하는 사람들도 있었다. 이들의 갈등은 미국 사회를 갈라놓았

축구로 허무는 증오의 장벽

팔레스타인과 이스라엘 사이의 갈등은 몇 십 년 동안 이어지고 있다. 이스라엘의 비영리 기관 페레스 평화센터는 팔레스타인과 이스라엘 아이들로 이루어진 축구 교실을 열고 있다. 해마다 아이들 1,500여 명이 이 축구 교실에 참여한다. 팔레스타인과 이스라엘 아이들은 함께 팀을 이루어 시합을 하면서 상대 나라의 언어도 익히고 두 나라 사이의 갈등을 해결하는 기술도 배운다. 두 나라 아이들 사이에 장벽이 허물어진다면, 기나긴 세월 동안 불신, 공포, 증오로 얼룩진 두 나라 사이에도 평화의 바람이 불어올 것이다.

고, 곳곳에서 엄청난 폭력 사태를 일으켰다.

1960년대까지 미국 일부 지역에는 여전히 유색 인종 전용 급수대와 화장실이 따로 있고, 극장에는 '백인이 아닌' 관객의 좌석이 따로 있었다. 다행히 지금 미국은 인종을 차별하는 정책을 공식적으로 시행하지 않는다.

세계 곳곳에서 민족이 다르다는 이유로 전쟁이 숱하게 일어났고, 수많은 사람이 목숨을 잃었다. 1994년에 르완다의 후투족과 투치족 사이에 전쟁이 일어나면서 50만에서 100만여 명이 한꺼번에 목숨을 잃었다. 그리고 그보다 더 많은 사람들이 집을 떠나 피난길에 올랐다.

▼ 1957년, 미국 아칸소 주에 있는 백인 학생만 다니던 한 고등학교에 아프리카계 미국인 아홉 명이 입학했다. 당시 미국 대통령은 군인들을 보내 이 학생들을 보호했다.

1991년부터 2001년까지는 옛 유고슬라비아 지역에서 전쟁이 일어났다. 여러 민족들이 서로 어느 지역을 차지할지를 놓고 싸움을 벌였다. 오랜 전쟁으로 13만 명이 죽었고, 이보다 훨씬 많은 사람들이 다쳤다. 어쩔 수 없이 고국을 떠나 낯선 땅에서 새 삶을 꾸려야 하는 사람들도 생겼다. 오늘날 이 지역에는 몬테네그로, 세르비아, 크로아티아를 포함한 일곱 개 독립국가가 생겼고, 관광객들이 즐겨 찾을 만큼 안정되었다.

▲ 1938년 미국 어느 도시의 급수대 사진. 급수대 옆 나무에 '유색인'이라는 팻말이 걸려 있다.

낯선 나라에서 살아가기

이곳에서 저곳으로 이사하는 건 흔한 일이다. 같은 동네 안에서 이사하거나 이웃 동네 또는 다른 도시로 옮길 수도 있다. 가족과 함께 지구 반대편 낯선 나라로 가서 살기도 한다. 이처럼 자기 나라를 떠나 다른 나라로 옮겨서 살아가는 것을 '이민'이라고 하고, 그런 사람들을 '이민자'라고 한다.

▲ 오랜 내전을 피해 세르비아 국경에 도착한 시리아 난민 가족.

▲ 1892년부터 1954년 사이에 1,200만 명이 넘는 이민자들이 미국으로 이주하기 위해 뉴욕항에 있는 엘리스 섬 이민국을 거쳐갔다.

이민자들은 낯선 나라에 가면서 자기 나라의 언어, 음식, 전통도 함께 가져간다. 낯선 땅에 막 도착한 이민자는 같은 나라 사람들을 찾는다. 예를 들어, 중국을 떠나 세계 곳곳으로 간 이민자들은 어느 나라에서든 한 곳에 모여 살며 새로운 공동체를 만들었다. 세계 곳곳의 도시에 있는 차이나타운처럼 말이다. 이런 공동체에 있는 상점이나 식당, 학교, 사업체는 주로 이민자들이 운영한다.

캐나다로 온 유대인 이민자들은 지난 몇 십 년 동안 몬트리올의 한 동네에 모여 살았다. 훈제 고기 샌드위치와 독특한 베이글은 유대인 주민들이 파는 맛좋은 먹거리로, 요즘은 지역 주민과 관광객 모두에게 사랑받고 있다.

그 집단에 속할까, 안 속할까?

어떤 사람이 특정 공동체에 속하는지를 판단하는 일은 쉬워 보일 수 있다. 하지만 좀 더 자세히 들여다보면 그리 만만한 일이 아니다. 청각 장애인 집단에서 수화를 사용하며 자란 사람이 있다고 치자.

이거 알아?

2017년 유엔이 발표한 보고서에 따르면, 다른 나라로 떠난 전 세계 이민자 수가 2억 5,000만 명을 넘어섰다. 또한 전 세계 난민 수는 6,850만 명에 이른다.

그런데 인공 달팽이관의 도움으로 소리를 들을 수 있게 되었다면 의학적으로 더는 청각 장애인이 아니다. 그렇다 하더라도 여전히 청각 장애인에 속한다고 해야 할까?

종교를 바꾸거나 다른 나라로 이민 간 사람은 어떨까? 그 사람은 언제쯤 새 집단에 정을 붙이게 될까? 왜 어떤 집단에는 좀처럼 섞이지 못하면서 다른 어떤 집단에서는 금세 거리낌 없이 잘 지낼 수 있을까? 한때 암 환자 모임에서 활동하던 사람이 있는데, 암이 다 나았다면? 여전히 암 환자 모임에 참여하면 이상한 일일까?

▼ 전 세계 차이나타운에서 열리는 새해맞이 축제 행렬 가운데 사자춤 장면.

사실 우리는 이 집단에서 저 집단으로 옮길 수도 있고, 동시에 여러 집단에 속할 수도 있다. 서로 다른 시기에 다양한 사람과 친구가 될 수도 있다. 단, 잊지 말아야 할 것이 있다. 다른 집단의 구성원들과 집단 구성원으로서 느끼는 그들의 감정을 존중하고 배려해야 한다. 또한 상황이 바뀌어서 집단 바깥으로 밀려난 구성원이 느낄 소외감도 잘 살펴야 한다. 예를 들면, 스포츠 팀에서 부상당하거나 선발전 성적이 좋지 못해서 뛸 자리를 잃은 선수들의 불안과 좌절을 공감하고 배려해야 한다.

책 읽어 주면 잠자리는 공짜!

서점은 독자와 작가들이 모여 책에 대한 열정을 꽃피우는 곳이다. 프랑스 파리에 있는 '셰익스피어 앤 컴퍼니'는 전 세계에 알려진 유명한 서점이다. 1951년에 세워진 이 서점은 작가라면 누구나 반긴다. 서점은 좁은 계단과 작은 방으로 아기자기하게 이루어져 있고, 가끔 시 낭송회가 열린다. 파리를 여행하는 작가들은 책장 사이에 놓아둔 소박한 침대에서 며칠 밤, 아니 몇 달을 자유로이 보낼 수 있다. 지금까지 무려 3만 명의 작가들이 이곳에 머무르며 짧은 시간이나마 문학 모임의 회원이 되었다. 숙박비는 당연히 공짜! 대신 하루에 적어도 책 한 권은 읽어 주고, 서점 일을 조금씩 거들고, 떠나기 전에 자기소개서 한 장을 남겨야 한다.

4장
세계를 아우르는 공동체

한 지역의 주민들이 다 함께 모여 어떤 일을 해 나가기는 결코 쉽지 않다. 그러니 세계 곳곳에서 온 사람들을 하나로 모으는 일은 얼마나 어려울까? 이 장에서는 큰 그림을 그리며 전 세계를 아우르는 일에 사람들을 끌어들이는 세계의 다양한 조직과 활동을 살펴보자.

세계를 하나로! - 유엔

1900년대에 일어난 두 차례의 세계 대전은 전 세계 수많은 나라들이 뛰어든 어마어마한 규모의 전쟁이었다. 전쟁을 치르면서 엄청나게 많은 사람들이 다치거나 목숨을 잃었고, 수많은 사람들이 나라를 잃고 난민이 되었다.

▲ 미국 뉴욕에 있는 유엔 본부에는 193개 회원국의 국기가 휘날리고 있다.

제2차 세계 대전이 끝난 뒤에 세계는 이런 끔찍한 전쟁이 다시 일어나지 않도록 다 같이 노력해야 한다고 생각하고, 50개 나라 대표들이 한자리에 모여 '유엔(국제 연합)'이라는 국제기구를 만들었다.

유엔을 세운 목적은, 유엔이 추구하는 목적을 정리한 헌장에 잘 나와 있다. 헌장에는 "사람들의 평등권과 자기 결정 원칙의

▲ 유엔 난민 기구가 관리하는 요르단 마프라크의 난민 캠프에서 지내는 시리아 아이들. 2016년, 유엔은 시리아 내전이 일어난 뒤 탈출한 난민 수가 거의 500만 명에 이른다고 예측했다.

존중을 바탕으로 국가 사이의 우호 관계를 발전시키며, 세계 평화를 강화하기 위해 여러 적절한 대책을 마련한다."는 내용이 담겨 있다.

사실 누구나 쉽게 음식과 물, 집, 깨끗한 환경, 교육과 의료 서비스를 받을 수 있는 세상을 만들기란 쉽지 않다. 하지만 유엔은 세계 모든 사람들의 생활 조건이 좀 더 나아지게 하려고 꾸준히 애쓰고 있다.

이거 알아?

10월 24일은 유엔의 날이다. 유엔이 세워진 것을 축하하기 위해 세계 곳곳에서 해마다 콘서트나 강연이 열리고, 미술 전시회나 영화 상영 같은 행사도 펼쳐진다.

사람을 먼저 구한다! - 국제 적십자 위원회

스위스 사업가 앙리 뒤낭은 1859년에 이탈리아 솔페리노에서 벌어진 참혹한 전투에 맞닥뜨렸다. 그때 다쳐서 죽어 가는 군인들을 돕고, 그 경험을 책으로 썼다. 책에서 앙리 뒤낭은 전쟁 중에 다친 군인들을 치료하기 위한 자원봉사자를 모집하자고 제안했다. 또 전쟁 중인 나라는 전쟁터에서 부상자를 치료하는 의료인을 보호해야 한다고 했다.

처음에는 영국, 프랑스, 이탈리아, 일본, 미국 같은 몇몇 나라에서만 앙리 뒤낭의 제안을 받아들였다. 오늘날에는 국제 적십자 위

사랑을 믿어요

나는 오래 전에 '빅토리아 국제개발교육협회'라는 단체가 운영하는 선물 가게에서 자원봉사를 했다. 이 단체는 사람들이 다양한 문화를 이해하고 국제 문제에 관심을 기울이도록 돕는 일을 한다. 선물 가게에서는 개발 도상 국가에서 만든 수공예품을 팔아 성금을 모아서 빅토리아 국제개발교육협회가 기획하는 여러 사업에 썼다. 이제 선물 가게는 없어졌지만 이 단체는 해마다 공정무역 박람회를 열어 여러 나라 상인들과 함께 공정무역 제품을 판매한다. 공정무역 제품으로는 커피부터 수공예품까지 다양하다. 개발 도상국의 농부와 예술가들은 노동에 대한 공정한 대가를 받아 가난에서 벗어나고 지역 경제도 살린다. 위 사진에 나온 바구니는 공정무역 박람회에 선보인 아프리카 가나의 수공예품이다.

원회(ICRC)가 그 뜻을 이어받아 전쟁 중에 부상당한 사람들을 돕고 있다.

그리스도교의 후원을 받는 나라에서는 '적십자'라는 명칭을 쓰지만, 이슬람교 국가에서는 '적신월'이라는 명칭을 쓴다. 적십자와 적신월의 조직인 '국제 적십자사·적신월사 연맹(IFRC)'은 자원봉사자를 모집하여 지진, 허리케인, 쓰나미 같은 자연재해뿐 아니라 대규모로 발생한 질병 같은 몹시 위급한 상황에 나서서 피해자들을 돕는다. 그밖에 세계 각국의 적십자 단체들도 함께 활동하고 있다.

▲ 난민 캠프에서 음식과 물품을 나눠 주는 적십자 직원들.

전 세계가 힘을 모으다

인류의 역사는 전쟁과 갈등으로 얼룩진 상처투성이 같지만, 사실 여러 나라가 함께 나서서 복잡한 일을 해결하고자 노력했던 때도 많았다.

남극의 주인은 하나가 아니다. 1959년에 영국, 프랑스, 아르헨티나, 칠레, 노르웨이, 오스트레일리아, 뉴질랜드, 남아프리카공화국, 미국, 벨기에, 소련, 일본 이렇게 12개의 나라들이 '남극 조약'에 서명했다. 조약은 남극에서 오직 평화적인 목적을 가진 연구만 허용하며, 지구의 최남단 대륙인 남극을 보호하자는 내용이다. 현재는 53개 나라가 이 조약에 가입하고 있다. 과학적인 연구 활동은 다른 나라들도 할 수 있으며, 모든 연구 기지는 검열을 받아야 한다.

'인간 게놈 프로젝트' 역시 전 세계 과학자들이 한데 힘을 모은 예다. 이들은 인간 유전자 정보 지도를 함께 연구해 완성했다.

'국제 우주 정거장(ISS)' 건설 사업도 여러 나라가

> **이거 알아?**
> 남극 대륙은 여름이 되면 세계 곳곳에서 온 사람들이 5,000여 명에 이른다. 그러다가 겨울이 되면, 사람들 숫자가 1,000명 아래로 뚝 떨어진다.

소련에 간 미국 아이, 사만다

미국의 사만다 스미스는 편지 한 통으로 유명인사가 되었다. 사만다가 열 살이던 1982년에 소련의 당시 공산당 서기장 유리 안드로포프에게 "핵전쟁을 막기 위해 무슨 일을 하실 건가요?" 하고 묻는 편지를 보냈다. 안드로포프 서기장은 사만다만큼 평화를 원한다는 답장을 보냈다. 그러면서 사만다를 소련에 초대했고, 사만다는 초대에 응했다. 사만다는 가장 나이가 어린 친선대사가 된 것이다.

사만다는 일본에서 열리는 국제 평화 회의에도 참석하고 《소련으로 가는 길》이라는 책도 썼다. 비록 열세 살 어린 나이에 비행기 사고로 세상을 떠났지만, 전쟁의 기로에 선 두 나라 사이에 평화와 공감을 이끌어 낸 사만다의 업적은 여전히 사람들 기억 속에 남아 있다.

함께했다. 국제 우주 정거장은 우주 상공을 일정한 궤도로 돌면서 과학 실험을 하고 지구와 외계를 탐사하는 기지이다. 이 사업은 1998년 첫 부품이 궤도로 보내진 뒤, 현재 20여 나라의 도움으로 순조롭게 진행되고 있다.

말이 통해요!

다른 나라를 여행할 때 가장 힘든 점은 말이 통하지 않는 것이다. 말이 안 통하면 그 나라의 문화에 오해가 생기고 불만도 쌓이기 쉽다.

이런 문제를 해결하기 위해 만든 언어가 바로 '에스페란토'다. 에스페란토는 폴란드의 안과 의사 라자로 루드비코 자멘호프가 누구나 쉽게 배우고 이해할 수 있도록 만든 언어이다. '희망하는 사람'이라는 뜻을 지닌 에스페란토는 세계에서 가장 성공한 인공어로, 현재 200만 명이 사용하고 있다. 이에 비해 '클링온어'에 유창한 사람은 30명쯤 될까? 클링온어는 미국 드라마 시리즈 〈스타 트랙〉에 등장하는 외계인 클링온족이 사용하는 언어다. 미국 언어학자가 외계어의 느낌을 살리기 위해 만든 인공어다.

에스페란토를 생각해 낸 것은 높이 살 만한 일이다. 하지만 세상에는 영어를 사용하는 사람이 훨씬 많다. 영어가 모국어인 사람은 3억 7,500만 명이지만, 실제 영어 사용자는 전 세계 약 15억 명에 이른다. 중국어가 모국어인 사람은 9억여 명으로, 영어가 모국어인 사람보다 훨씬 많다. 여기에 에스파냐어, 아랍어, 인도의 공용어인 힌디어까지 더한 다섯 가지 언어가 세계에서 가장 많이 쓰인다.

사실 에스페란토는 이 다섯 언어와 비교할 수 없을 만큼 적은 수의 사람들이 사용한다. 하지만 전 세계 사람을 하나로 모으려는 노력에 첫 발을 뗀 언어로 평가받기에 부족함이 없다.

멀리서 내민 도움의 손길

캐나다 작가 데보라 엘리스는 아프가니스탄 여성과 아이들의 생생한 삶을 책으로 써냈다. 데보라는 책값의 일부를 '아프가니스탄 여성을 돕는 캐나다 여성들(CW4WAfghan)'이라는 단체에 기부했다. 이렇게 모인 기부금은 아프가니스탄 여성과 여자아이들에게 배움의 기회를 주고, 책을 구하기 힘든 곳에 도서관을 짓는 데 쓰인다.

얼굴도 모르는 사람들을 돕겠다며 먼 나라에서 도움의 손길을 보내기도 한다. 이런 일은 주로 끔찍한 자연재해가 발생했을 때 일어난다. 2004년에 인도양을 덮친 어마어마한 쓰나미로 인도네시아를 비롯한 13개 나라에서 수천 명이 목숨을 잃자 세계 곳곳에서 도움의 손길을 보냈다. 오스트레일리아에서부터 짐바브웨에 이르는 수많은 나라에서 100억 달러가 넘는 성금을 보냈다.

탄자니아 시골 마을에는 전기를 이용하지 못하는 사람이 10명 가운데 9명에 이른다. 2013년에 미국 정부는 '파워 아프리카'라는 사업을 시작했다. 마을 사람들에게 태양광 반사판을 관리하고 사

▲ 수업을 받는 아프가니스탄 여자아이들. '아프가니스탄 여성을 돕는 캐나다 여성들'과 '말랄라 기금' 같은 단체들은 전 세계 여자아이들이 제대로 된 교육을 받을 수 있도록 나서고 있다.

어린이를 위해 어린이가 뭉쳤다!

2006년에 아홉 살이던 캐나다 아이 알레이나 포드모로는 '아프가니스탄 여자아이들을 돕는 여자아이들'이라는 단체를 만들었다. 학교에 가고 싶어도 갈 수 없는 아프가니스탄 소녀들의 절망적인 이야기를 듣고 단체를 만든 것이다. 이 단체는 50만 달러의 성금을 모았고, 이 돈을 '아프가니스탄 여성을 돕는 캐나다 여성들' 단체에 기부했다. 이렇듯 한 나라에서 활동하는 여러 단체들의 힘이 하나하나 모이면, 지구 반대편 사람들의 삶에 커다란 변화를 줄 수 있다.

▲ 탄자니아에서 태양 에너지는 친환경 에너지이면서 마을 사람들을 한자리에 모으는 훌륭한 역할도 한다.

용하는 법을 알려 주었다. 전기 덕분에 아이들은 해가 진 뒤에도 공부할 수 있고, 의약품이나 음식물도 차갑게 보관할 수 있다. 게다가 빛은 짐승을 겁주어 멀리 쫓아내는 효과가 있어서 마을의 가축을 보호하는 데도 한몫한다. 태양광 반사판을 설치하여 운영하는 마을은 휴대 전화나 컴퓨터를 직접 충전할 수 있다. 이제 멀리 다른 마을까지 가서 돈을 내고 충전할 필요가 없다. 현재 100여 개가 넘는 민간 기업들이 '파워 아프리카' 사업을 함께하는데, 사하라 사막 이남 아프리카의 더 많은 마을로 전력 공급을 넓혀 나가고 있다.

인류를 넘어서

지금까지 주로 사람들을 중심으로 힘을 합쳐 서로 돕는 방법에 대해 살펴봤다. 하지만 사실 인류는 그보다 더 커다란 생태계의 일부다. 따라서 우리는 지구에 사는 모든 생명체와 함께 돕고 살아가는 방법을 배워야 한다.

인간만 공동체를 일구고 서로 도우며 살아가는 것이 아니다. 개

힙합으로 기후변화에 맞선다!

미국에 사는 시우테즈칼 마르티네즈는 아주 어릴 때부터 기후변화에 대한 경각심을 높이는 데 앞장서 왔다. 여섯 살이던 2012년에 시우테즈칼은 브라질 리우데자네이루에서 열리는 Rio+20 유엔 정상회의에서 연설을 했다. 아홉 살 때부터는 힙합 가수로 활동하며 환경을 보호하자는 내용이 남긴 노래를 꾸준히 불렀다. 지금은 음악가, 예술가, 젊은 활동가로 구성된 '지구 수호자'라는 단체에서 활동하고 있다. 시우테즈칼이 전 세계 젊은이들과 연대해서 환경 문제에 관심을 높이려는 까닭은 미래 세대를 위해 지구, 공기, 물을 보호하려는 열망이 있기 때문이다. 시우테즈칼은 나이는 어릴지 몰라도, 힘 있는 맑은 목소리에 메시지를 담아, 우리 힘으로 세상을 바꿀 수 있다는 것을 보여준다.

▲ 춤출 준비를 하는 케냐의 마사이족 여성들. 인류는 지구에 살면서 춤추고 노래하며 함께 어울리고 즐기는 방법을 배웠다.

미 집단도 복잡한 공동체다. 개미는 저마다 하는 일이 다르다. 어떤 개미는 집단을 보호하고, 어떤 개미는 먹이를 모으고, 어떤 개미는 부화실에서 애벌레를 먹이고 돌본다. 개미 도시는 인간 도시와 비슷한데, 음식을 저장하고 애벌레를 키우고 쓰레기를 버리는 장소가 다 따로 있다. 도로가 도시의 여러 지역을 연결하듯, 개미 도시에도 이리저리 얽힌 굴이 여러 장소를 잇는다.

벌도 복잡한 공동체를 이루며 살아간다. 벌들은 먹이를 저장하고 애벌레를 키우며 벌집을 보호하는 일을 나누어 한다. 늑대는 무리 지어 다니면서 혼자서는 잡을 수 없는 커다란 먹잇감을 사냥한다. 고래나 돌고래도 떼 지어 살면서 소리로 의사소통을 한다. 이런 해양 포유류는 독특한 소리를 내서 서로를 확인하고 손발을 맞춰 먹잇감을 찾는다.

인류는 주변 사람들과 함께 도우며 살아왔다. 물론 갈등과 다툼을 피할 수 없을 때도 많지만, 서로 다독이고 돕고자 하는 마음은 늘 뜨거웠다. 이제 우리 인류를 넘어 지구의 모든 생명체를 보호하고 서로를 아껴야 할 때다. 그것이야말로 우리가 미래에도 지구상에서 풍요롭게 함께 살 수 있는 가장 좋은 방법이다.

더불어 사는 지구 74

우리는 왜 친구가 필요할까? – 작은 발걸음 큰 변화 ⑬

처음 펴낸 날 2019년 6월 10일 | 두번째 펴낸 날 2024년 2월 1일
글 니키 테이트 | 옮김 현혜진 | 펴낸이 이은수 | 편집 오지명, 김연희 | 북디자인 원상희
펴낸곳 초록개구리 | 출판등록 2004년 11월 22일(제300-2004-217호)
주소 서울시 종로구 비봉2길 32, 3동 101호
전화 02-6385-9930 | 팩스 0303-3443-9930
인스타그램 instagram.com/greenfrog_pub

ISBN 979-11-5782-079-5 74840 | 978-89-956126-1-3(세트)

- 이 도서의 국립중앙도서관 출판시도서목록(CIP)은 서지정보유통지원시스템 홈페이지(http://seoji.nl.go.kr)와
국가자료공동목록시스템(http://www.nl.go.kr/kolisnet)에서 이용하실 수 있습니다.(CIP제어번호: CIP2019020368)

사진 저작권 목록

p2-3 Yana Mavlyutova/Shutterstock.com p6 Olga Litmanova For Flytographer p8 Dglimages/Istock.com
p10 George Rudy/Shutterstock.com p11 (상) Bidouze Stéphane/Dreamstime.com (하) Ecoimagesphotos/Dreamstime.com
p13 Weekend Image Inc./Istock.com p14 (상) Nichole Taylor Photography (하) Muriel Lasure/Shutterstock.com
p15 Leblond Catherine/Dreamstime.com p16 Nikki Tate p17 (상) Angela Ostafichuk/Shutterstock.com (하) Barbershop Flims
p20 Port(U*O)S/Wikipedia.org p21 Nikada/Istock.com p22 Creatista/Shutterstock.com p23 Ian Allenden/Dreamstime.com
p24 Lisa F.Young/Dreamstime.com p25 (상) Waldru/Dreamstime.com (하) Indianhilbilly/Wikipedia.org
p26 (상) Vitaliy Pozdeev/Dreamstime.com (하) Nikki Tate p27 Andrew Daviason/Wikipedia.org
p29 Photogeniamexico/Dreamstime.com p30 Malamant/Wikipedia.org p31 Romrodphoto/Shutterstock.com
p33 A.Ricardo/Shutterstock.com p34 (상) ©Ikea Foundation/Åsa Sjöström (하) Everett Historical/Shutterstock.com
p35 Brandy Gallagher/O.U.R.Ecovillage p36 Hero Images/Getty.com p38 Radiokafka/Shutterstock.com
p39 Issamyal/Dreamstime.com p41 Photographerlondon/Dreamstime.com p42 Frenk And Danielle Kaufmann/Dreamstime.com
p43 Tony Sprackett p44 Tony Sprackett p45 Bigandt/Dreamstime.com p46 Us Army/Wikipedia.org
p47 (상) John Vachon/Wikipedia.org (하) Nenad Mihajlovic/Dreamstime.com p48 Lewis Hine/Wikipedia.org
p49 Aluxum/Istock.com p50 Fabio Lacentra p52 Andykazie/Shutterstock.com p53 Ehab Othman/Shutterstock.com
p54 Kojoku/Shutterstock.com p55 Kojoku/Shutterstock.com p56 Ria Novosti/Wikipedia.org p59 (상)(하) Courtesy Of Canadian Women For Women In Afghanistan p60 Mobisol/www.Plugintheworld.com p61 Neegzistuoja/Wikipedia.org
p62 Znm/Dreamstime.com